Mirjam Justinger

Glaubenskraft durch Wahrheit, Klarheit und Mut!

Mirjam Justinger

Glaubenskraft durch Wahrheit, Klarheit und Mut!

Durch Gottes Reden innere Klarheit erlangen und vertrauend darauf echte Glaubenskraft erleben!

Fromm Verlag

Impressum/Imprint (nur für Deutschland/ only for Germany)
Bibliografische Information der Deutschen Nationalbibliothek: Die Deutsche Nationalbibliothek verzeichnet diese Publikation in der Deutschen Nationalbibliografie; detaillierte bibliografische Daten sind im Internet über http://dnb.d-nb.de abrufbar.
Alle in diesem Buch genannten Marken und Produktnamen unterliegen warenzeichen-, marken- oder patentrechtlichem Schutz bzw. sind Warenzeichen oder eingetragene Warenzeichen der jeweiligen Inhaber. Die Wiedergabe von Marken, Produktnamen, Gebrauchsnamen, Handelsnamen, Warenbezeichnungen u.s.w. in diesem Werk berechtigt auch ohne besondere Kennzeichnung nicht zu der Annahme, dass solche Namen im Sinne der Warenzeichen- und Markenschutzgesetzgebung als frei zu betrachten wären und daher von jedermann benutzt werden dürften.

Coverbild: www.ingimage.com

Contact:
International Book Market Service Ltd., 17 Rue Meldrum, Beau Bassin, 1713-01 Mauritius
Website: www.bookmarketservice.com
Email: info@bookmarketservice.com

Gedruckt in: USA, UK, Deutschland. Dieses Buch wurde nicht in Mauritius produziert.

Imprint (only for USA, GB)
Bibliographic information published by the Deutsche Nationalbibliothek: The Deutsche Nationalbibliothek lists this publication in the Deutsche Nationalbibliografie; detailed bibliographic data are available in the Internet at http://dnb.d-nb.de.
Any brand names and product names mentioned in this book are subject to trademark, brand or patent protection and are trademarks or registered trademarks of their respective holders. The use of brand names, product names, common names, trade names, product descriptions etc. even without a particular marking in this works is in no way to be construed to mean that such names may be regarded as unrestricted in respect of trademark and brand protection legislation and could thus be used by anyone.

Cover image: www.ingimage.com

Contact:
International Book Market Service Ltd., 17 Rue Meldrum, Beau Bassin, 1713-01 Mauritius
Website: www.bookmarketservice.com
Email: info@bookmarketservice.com

Printed in: U.S.A., U.K., Germany. This book was not produced in Mauritius.

ISBN: 978-3-8416-0288-6

INHALTSVERZEICHNIS

VORWORT

1 PERSÖNLICHE GLAUBENS-STANDORTBESTIMMUNG 5

2 KEINE FURCHT BEI DER RICHTIGEN (EHR-)-FURCHT! 12

3 DAS WORT GOTTES – MIT ECHTER WACHSTUMSGARANTIE!.......... 20

4 DIE RICHTIGEN GEISTER HÖREN - DIE GABE DER GEISTERUNTERSCHEIDUNG!.. 31

5 WACHSEN DURCH DIENEN!.. 44

7 WAS MAN SÄT, WIRD MAN ERNTEN!.. 52

LITERATURVERZEICHNIS 60

Vorwort

Der Apostel Paulus entschuldigte sich in einem seiner Briefe dafür, dass er scheinbar immer wieder das Gleiche schreibe. Immer wieder ermutigte er, am Glauben und den gesunden Lehren Jesu Christi mit ganzer Kraft festzuhalten.
Über die Jahrhunderte hat der Mensch immer wieder Tendenzen, das Glaubensrad neu zu erfinden. Wir glauben manchmal, „neue“ Themen brauche das Land, „neue“ Weisheiten, „neue“ Impulse etc. würden zur Veränderung führen.
Ich persönlich glaube nicht, dass sich die Welt wirklich verändert hat. Sie ist vielleicht schneller geworden und dadurch haltloser. Aber den Halt, den wir brauchen, der hat sich nicht verändert. Gott ist der erst ist. Er ist der Anfang und das Ende und verändert sich – Gott sei Dank – nicht.
Diese Themenreihe möchte einen Blick auf das Wesentliche werfen. Es sind nicht die neuen Erkenntnisse, sondern es sind die oft bekannten, die uns wieder zurückbringen. Dorthin, wo wir wirklich Kraft und Lebensfreude finden, bei Gott, in seinem Wort und seiner Kraft.
Ich glaube, dass die meisten Dinge nicht wirklich schwer zu verstehen sind. Das Wort Gottes ist simpel, so simpel, dass es Kinder verstehen können – manchmal sogar besser als Erwachsene, die in ihren vernünftigen Denkstrukturen verhaftet sind und zu Komplikationen neigen.
Gott zu hören, ihn zu verstehen, ist nicht schwer, dem Folge zu leisten, braucht innere Klarheit und Mut, DANN werden wir Zeichen, Wunder und himmlische Kraft erleben!

1 Persönliche Glaubens-Standortbestimmung

Als Leiter einer Gruppe oder einer Gemeinde ist man immer ein Vorbild. Alle Augenpaare richten sich auf den Leiter und erwarten eine besondere geistliche Ausstrahlung. Im Zweifel wird der Leiter schon wissen, wie es weitergeht, was zu tun ist und noch besser, was Gott wirklich zu sagen hat oder immer schon mal sagen wollte! Im Zweifel ist der Leiter sogar an allem Schuld.

Zu Beginn eines Leiterdienstes, ob Pastor, Kleingruppenleiter, Gruppenleiter oder Ähnliches, startet man häufig mit Feuereifer. Unaufhaltsam glaubt man die Menschen und die Welt erobern zu können. Der Glaube brennt – sonst würde man sich nicht in dieses Abenteuer stürzen. Überzeugt und klar tritt man den Glaubenskampf an.
Der mutig angegangene Glaubenskampf wird häufig jedoch zum Glaubenskrampf!
Die Realität sieht anders aus. Der Weg scheint länger, als man dachte. Das eigene Herz wird konfrontiert mit Enttäuschungen. Gebete scheinen nicht (schnell genug) erhört zu werden. Menschen kommen und gehen aber wieder, verlassen die Gruppe, weil sie anderer Ansicht sind, nichts mehr mitnehmen können oder weil sie bessere Leiter gefunden haben. Der Undank ist dem Leiter häufig gewiss.
Da braucht man schon ein dickes Fell und ein gutes Maß an Selbstdisziplin, um innerlich nicht frustriert zu werden und letztlich ausgebrannt alles hinzuwerfen. Ist man mit der ehrlichen Überzeugung gestartet, Gott zu dienen, steht man irgendwann häufig in der Gefahr, (nur noch) den Menschen zu dienen, weil man sie halten möchte. Wer freut sich schon darüber, wenn seine Gruppe oder Gemeinde schrumpft?

Der aufmerksame Leser fragt sich spätestens nach diesen wenigen Zeilen, warum man überhaupt ein Leiter sein soll – mit diesen Prognosen.
Und es scheint irgendwie im Blick auf die Realität kaum Hoffnung zu geben.

Wenn es keine Hoffnung geben würde, so müsste man an dieser Stelle abbrechen und das Ende der Welt einfach abwarten. Deshalb müssen und dürfen wir lernen einen anderen Blick auf die Dinge zu bekommen.
Denn bei Jesus war das nicht anders. Menschen kamen und gingen. Sogar Jünger aus den eigenen Reihen wurden zum Verräter. Ehrlich gesagt, dem ging es nicht besser.

Vor Kurzem habe ich eine kleine Umfrage im pastoralen Bekanntenkreis durchgeführt. Ich habe circa 30 Pastoren im aktiven Dienst darüber ausgefragt, worüber sie predigen, welche Fragen sich der Gemeinde stellen, wann sie zum letzten Mal Zeichen und Wunder erlebt haben und was sie sich wünschen würden.
Das Ergebnis war sehr interessant: Ausnahmslos alle wünschten sich einfach nur mehr Glauben. Keiner von Ihnen machte sich (in erster Linie) Sorgen um Geld, Finanzen oder die persönliche Gesundheit, wünschte sich mehr Menschen oder Ähnliches. Sie machten sich Sorgen und Gedanken über ihren ganz persönlichen Glauben und manch einer kam zu dem persönlichen Schluss, dass er ungläubig geworden sei.
Paulus, der rasende Apostel des Neuen Testaments, ein Mann, der wusste, was er wollte und tun sollte, und dem niemals die Kraft auszugehen schien, musste Zeit seines Lebens massiv gegen Bedrängnissen kämpfen. Die Bedrängnisse wurden nicht weniger, sie wurden stärker und sein einziger Wunsch war es, „seinen Lauf mit Freude zu vollenden“ (Apostelgeschichte 20,24).
Es mit Freude zu Ende bringen!
Der große Paulus, den es vor Damaskus förmlich vom Pferd gerissen hatte, als er Jesus begegnete, hatte mit Müdigkeit und Schmerz zu kämpfen und sorgte sich „nur“ um seinen Glauben!
Egal, welche Themen wir vorbereiten, egal worüber wir reden, egal wie gut ein Abend oder eine Gruppenstunde gestaltet und organisiert ist, entscheidend ist, wo wir persönlich im Glauben stehen und stehen wollen! Entscheidend ist die Glaubenskraft, die wir in uns tragen. Nur DAS können und werden wir letztlich weiter geben!

Denn Gottes Wort sagt ganz klar, dass UNSER Glaube DER SIEG ist, der die Welt überwunden hat! (1. Johannes 5,4).

Nicht der Glaube von Tante Berta, nicht der Glaube von Onkel Rudi, nicht der Glaube meines Hundes – nein – mein ganz persönlicher Glaube führt zum Sieg über die Hoffnungslosigkeit der Welt.

Deshalb gilt es in einem ersten Schritt, den persönlichen Standort zu bestimmen.

Die entscheidenden Fragen sind:

Wo stehe ich heute?

UND

Wo will ich Morgen hingehen, um übermorgen richtig zu stehen?

Wenn ich weiß, wo ich stehe, weiß ich auch wo ich noch nicht bin! Denn Menschen können mir nur dorthin folgen – ich kann sie nur dahin führen, wo ich selbst (schon) stehe oder zumindest stehen möchte!

Diese innere Klarheit und Ehrlichkeit zu sich selbst, ist der erste Schritt, um das Senfkorn des Glaubens wirklich zum Wachsen zu bringen!

Persönliche Glaubens-Standortbestimmung:
Wie viel Vertrauen habe ich in Gott? (sehr wenig) 1-2-3-4-5-6-7-8-9-10 (sehr viel)
Wo bin ich enttäuscht....... a) von Menschen? b) von Gott? (Benenne konkrete Fälle, Gefühle, was führte dazu?)

Wie viel möchte ich Gott gerne vertrauen? (sehr wenig) 1-2-3-4-5-6-7-8-9-10 (Ich möchte ihm gerne alles anvertrauen!)
Was würde ich mir von Gott wünschen, wenn ich einen Wunsch frei hätte?

Sprich mit Gott! Wende Dich ihm zu! Kehre gegebenenfalls zu ihm zurück (= Tue Buße!).

Bekenne Deine Enttäuschungen und Gefühle! Leg ihm einfach alles hin, was Dich bewegt und tue Buße für Dein gewachsenes Misstrauen in ihn!

In Markus 9,24 heißt es:

„Und sogleich rief der Vater des Knaben mit Tränen und sprach: Ich glaube, Herr; hilf mir, [loszukommen] von meinem Unglauben!!“[1]

Unglaube beginnt mit kleinen Körnern des Zweifels, Sorgen und meistens Enttäuschungen über Menschen. Menschen enttäuschen uns – nicht Gott.

Wie Unkraut fangen diese Samen an aufzugehen, in unseren Herzen zu wachsen. Hier brauchen wir den Gärtner – Gottes Hilfe, um wieder davon frei zu werden. Das schaffen wir nicht alleine. Der Vater im Markusevangelium ringt um das Loskommen von seinem Unglauben. Das ist nicht so einfach.

Weitere hilfreiche Bibelstellen:

5. Mose 4,9; Psalm 121,7; Sprüche 4,23; 1. Samuel 15,25; Offenbarung 2, 5 (die Werke der ERSTEN Liebe tun!).

Die weiteren Themen dienen dazu, den Glauben zu stärken, indem wir unsere Gedanken und unsere Herz auf Gott ausrichten – wie eine persönliche Lebenskarte,

1 Alle Bibelzitate wurden aus der Schlachter-Übersetzung (2000) übernommen, nachzulesen unter: www.bibleserver.com, Februar 2012.

die immer wieder mal eingenordet werden muss, weil man vom Weg abgekommen ist. Nach dem Einnorden, kann man in Klarheit mutig los- und weitergehen!
Auf dass Zeichen und Wunder durch und in deinen Glauben geschehen!

Diese Glaubensstandortbestimmung kann auch mit einer Gruppe oder Einzelpersonen durchgeführt werden.

Handout Standortbestimmung – Kopiervorlage für die Gruppe

Persönliche Glaubens-Standortbestimmung: Datum:____________
Wie viel Vertrauen habe ich in Gott? (sehr wenig) 1-2-3-4-5-6-7-8-9-10 (sehr viel)
Wo bin ich enttäuscht....... a) von Menschen? b) von Gott? (Benenne konkrete Fälle, Gefühle, was führte dazu? etc.)
Wie viel (mehr) möchte ich Gott gerne vertrauen? (sehr wenig) 1-2-3-4-5-6-7-8-9-10 (Ich möchte ihm gerne alles anvertrauen!)

Was würde ich mir von Gott wünschen, wenn ich einen Wunsch frei hätte?

2 Keine Furcht bei der richtigen (Ehr-)-Furcht!

Einstiegsfrage:

Was sind die beiden größten Antriebskräfte eines jeden Menschen?

(Hierüber kann diskutiert werden – Ergebnisse können gesammelt werden: Lege ein großes Blatt in die Mitte der Gruppe – jeder hat die Möglichkeit seine Gedanken aufzuschreiben. Die Teilnehmer können hier erkennen, von was sie getrieben werden. Dies gilt auch für die weiteren Fragen.)

Folgendes kann festgestellt werden:

Die beiden größten Antriebskräfte sind: Liebe und Angst/Furcht.

Jeder Mensch kennt diese beiden Gefühle. Es gibt Grundängste und das Grundbedürfnis nach Liebe! Es sind Kräfte, die an uns ziehen, die uns kaputt machen können – es können aber auch Kräfte sein, die uns zum Ziel bringen und damit positiv antreiben können – irgendwie verrückt.

Beispiele:

Eine Mutter, die Gefahr für ihr Kind sieht, entwickelt nachgewiesener Weise äußerste Kräfte zur Verteidigung und zum Schutz ihres Kindes. Sie liebt ihre Kinder über alles – gleichzeitig überfällt sie eine große Angst, wenn sie es verlieren würde. Sie würde alles daran setzen, ihr Kind zu verteidigen und zu schützen. Diese Kräfte sind häufig größer als man der Person nach menschlichem Ermessen zutrauen würde.

Menschen, die unter Todesgefahr stehen, würden fast alles machen, um ihr Leben zu erhalten - oder das Leben eines anderen (man denke an Folter und Drohungen etc.).

Die Liebe führt auch zu zahlreichen Ideen und treibt den Liebenden zu großen Heldentaten an, um seiner Liebsten zu gefallen – oder in unserer emanzipierten Zeit auch umgekehrt.

Aber diese beiden Gefühle können uns auch verrückt machen – kaputt machen. Verrückt von einer unbeantworteten Liebe. Angst und Schmerz über den Verlust eines geliebten Menschen.

Folgende persönlich zu beantwortende Fragen sollen vertiefend weiterhelfen:

Ich liebe.... (es wäre für mich sehr schmerzhaft, wenn ich es nicht mehr hätte)	Ich habe Angst vor.... (die Vorstellung das tun zu müssen/vor dieser Person zu stehen/hier meine Meinung äußern zu müssen macht mir Angst...)

Folgen dieser Kräfte:

Frage 1:

Was ist die menschliche häufigste Folge von Angst – aus der Angst heraus?

Antwort:

Die Suche nach Halt. Die Suche nach einer Kraft, die stärker ist als ich selbst und die über mich hinausgeht. Denn nur eine solche Kraft kann mich stärken. Die Suche nach einem Götzen!

Die Suche nach etwas, was uns hält und über allem steht – was uns Hoffnung gibt: Talisman und Glücksbringer, andere stärkere Menschen, Seelsorger, Therapeuten, Geld, andere Güter etc. Besonders häufig zu finden in unserer Gegenwart sind sogenannte Energiebänder. Menschen sind bereit viel Geld für ein Plastikband auszugeben, was angeblich gegen bestimmte Krankheiten helfen oder vorbeugen soll. Egal wie lächerlich man das finden mag, es zeigt etwas über die Seele. Die Seele hat Angst. In diesem Fall Angst vor Krankheiten.

Frage 2:

Was ist die menschlich häufigste Folge aus dem Bedürfnis nach Liebe heraus?

Antwort:

Liebe und Anerkennung fühlen sich gut an, sie geben Kraft. Der Mensch setzt alles daran, diese Liebe zu erhalten.

Letztlich ist auch hiermit eine Angst verbunden – die Angst diese Liebe zu verlieren. Aus Angst einen liebenden Freund oder Menschen zu verlieren, sind wir häufig bereit, uns selbst zu verbiegen.

Darin liegt eine Angst vor der menschlichen Reaktion unseres Umfeldes. Wir versuchen anderen zu gefallen, uns anzupassen und gut da zu stehen, um im Zweifel Hilfe zu erhalten und geliebt zu werden:

Menschenfurcht und Menschengefälligkeiten machen uns in der Regel auf lange Sicht kaputt! Menschen, Menschengefälligkeit und Menschenfurcht - je nach Sichtweise des Problems - können somit zu Götzen werden, weil wir uns davon abhängig machen.

Wichtige und entscheidende Erkenntnis:

Die Angst können wir niemals vollständig abschütteln – sie ist ein fester Teil von uns!

Ist das eine gute oder schlechte Nachricht?

Woher kommt das? Was ist die Ursache von Angst?

Was sagt die Bibel zum Thema „Angst"?

Lese: 1. Mose 3,10, Sündenfall.

Ursache von Angst und Scham ist: Sünde – Trennung von Gott. Vorher gab es dieses Gefühl nicht.

Der Mensch war geschaffen aus der Liebe Gottes heraus für die Gemeinschaft mit Gott. Gott selbst wird als die personifizierte Liebe beschrieben (vgl. 1. Johannes 4,8). In dem Augenblick, indem der Mensch Gott anlog und seine eigenen Wege ging, wurde Misstrauen und Spaltung gesät. Die vollkommene Gemeinschaft mit der Liebe war gestört. Der Mensch hatte etwas verloren und zurück blieb die Sehnsucht nach Liebe und Anerkennung (vgl. auch 1.Mose 4, auch Kain wollte von Gott angenommen und geliebt sein!, Prediger 3,11)

Kannte Jesus Christus, der Sohn Gottes persönlich, das Empfinden von Angst?
JA! Jesus kannte die Angst! Er wusste, in dem Augenblick, in dem er die Sünde der Menschen auf sich nimmt, ist er von Gott verlassen! Seine größte Angst war es, die Verbindung zu Gott zu verlieren (Matthäus 26,38 und 27,29).
In Matthäus 27,46 heißt es:
„Und um die neunte Stunde rief Jesus mit lauter Stimme: Eli, Eli, lama sabachthani, das heißt: »Mein Gott, mein Gott, warum hast du mich verlassen?“

Weitere interessante Stellen, die den Gedanken vertiefen sollen:
Johannes 3,36, Römer 12,19, Epheser 5,6, Matthäus 10,28 (Achtung – hier ist nicht die Furcht vor dem Satan gemeint, sondern die Furcht vor Gott!), Markus 5,33, Römer 11,20, Matthäus 25,14-30, Matthäus 31-46, Hebräer 10,31, Johannes 2-3, Johannes 14+15.

Die Bibel sagt uns an vielen Stellen, dass wir uns nicht vor den Dingen dieser Welt sorgen und ängstigen müssen. Eine Hauptmessage ist eigentlich „Fürchtet Euch nicht!“.
Dieser Ausdruck findet sich, wenn ich richtig gezählt habe, 366 Mal in der Bibel – für jeden Tag im Jahr plus Schaltjahr! Denn diese Furcht macht unseren Glauben klein und schwach. Diese Furcht lenkt uns ab, auf Gott zu schauen. Für Gott jedoch ist nichts unmöglich.
Aber die Bibel sagt trotzdem, dass wir uns gewaltig fürchten sollen!
Wir sollen besorgt sein, um unseren Glauben und sollen uns allein vor Gottes Zorn fürchten (vgl. Matthäus 10,28).

Zusammenfassung:

Wenn wir aber bei Gott sind, der die Liebe in Person ist, dann brauchen wir uns überhaupt vor nichts zu fürchten. In Christus wurde jedem einzelnen Menschen ein neuer Zugang gewährt und eine neue innige, gemeinschaftliche Verbindung mit Gott ermöglicht (Johannes 3,16).

Eine gesunde Ehrfurcht (= Vertrauen und Respekt) vor Gott und seinem Reden ist das beste Heilmittel gegen alle weltliche Furcht und Sorge.

Folgende Bilder sollen dies verdeutlichen. Betrachte einen Wirbelsturm. Im Kern herrscht absolute Ruhe und Leichtigkeit – drum herum droht direkte Zerstörung. Außerhalb von Gott zu sein, bedeutet, in seinen Zorn hineinzugeraten und zu sterben. In Christus zu sein, sich ganz nah bei Gott aufzuhalten, bedeutet Sicherheit und Ruhe. Das Auge des Sturmes ist ruhig – hier ist Ruhe und Sicherheit – dort passiert nichts, egal wie turbulent die Umstände sein mögen. Wenn wir ihn verlassen – sind wir verratzt. Deshalb gilt:

Gottesfurcht statt Menschenfurcht - keine Furcht bei der richtigen (Ehr-)furcht!

(Gewöhnliche) Menschen, die uns als Vorbilder in Leid und Freude vorangegangen sind:

Dietrich Bonhoeffer (starb 1945 im KZ):

Seine Mitte war Christus. Das geistliche wie geistige Wahrnehmen der Mitte ist die Grundlage christlicher Existenz. Er war nicht bereit Menschen mehr zu gehorchen als Gott, das kostete ihn das Leben. Gott schenkte ihm das ewige Leben! Er soll einmal gesagt haben: „Entscheidungen, die die Arbeit fordert, werden einfacher und leichter, wo sie nicht in Menschenfurcht, sondern allein vor Gottes Angesicht gefällt werden.“[2]

[2] http://www.evangeliums.net/zitate/, 28. Februar 2012.

Johann Georg Hamann (1730-1788):

Sein persönliches Lebensziel: Rückbesinnung auf Motive wie Gottesbestimmung, Schöpfung und göttliche Menschwerdung. Er widersetzte sich den Gedanken der Aufklärung und galt als naiver Gottesschwärmer. Er soll einmal gesagt haben: „Menschenfurcht und Menschengefälligkeit sind die zwei gefährlichsten Klippen, an denen unser Gewissen am ehesten Schiffbruch leiden kann, wenn unser Lehrer und Meister nicht am Ruder sitzt.“[3]

Charles Haddon Spurgeon (1834-1892) soll einmal gesagt haben:

„Es gibt keine so treffliche Kur gegen die Menschenfurcht wie die Gottesfurcht.“ „Behandle Gottes Zusagen nicht wie Museumsstücke, sondern glaube ihnen und mache von ihnen Gebrauch.“[4]

Jesus Christus, Gestorben an meiner statt, Zitat aus Matthäus 10,28:

„Und fürchtet euch nicht vor denen, die den Leib töten, doch die Seele nicht töten können; fürchtet euch aber viel mehr vor dem, der Leib und Seele verderben kann in der Hölle.“[5]

[3] http://www.evangeliums.net/zitate/, 28. Februar 2012.
[4] http://www.evangeliums.net/zitate/, 28. Februar 2012.
[5] http://www.evangeliums.net/zitate/, 28. Februar 2012.

Handout Furcht – Kopiervorlage für die Gruppe:

Was sind die beiden größten Antriebskräfte eines jeden Menschen? Was sind meine größten Antriebskräfte?

Ich liebe…. (es wäre für mich sehr schmerzhaft, wenn ich es nicht mehr hätte)	Ich habe Angst vor…. (die Vorstellung das tun zu müssen/vor dieser Person zu stehen/hier meine Meinung äußern zu müssen macht mir Angst…)

Was passiert mit mir, wenn ich mich von Ängsten treiben lasse?

3 Das Wort Gottes – mit echter Wachstumsgarantie!

Dieses Thema ist sehr umfangreich und kann in zwei Untereinheiten aufgegliedert werden.

Einheit 1

Einstiegsbild:

Stelle eine Pflanze in die Mitte - was passiert, wenn du diese Pflanze nicht pflegst? (Wasser, Licht, Zuneigung?) Sie wird kaputt gehen - jämmerlich eingehen.

Die schönsten blühenden Pflanzen stehen im Licht und haben genug Wasser!!

(Lasse das Bild einen Augenblick wirken! Eindrücke und Emotionen können ausgetauscht werden.)

Einstiegsfrage:

Kein Lebewesen kann einfach so leben. Wir brauchen als Menschen auch körperliche und geistige Nahrung: Liebe, Gemeinschaft und Anerkennung, aber auch Vitamine und gesundes Essen. Wenn wir das nicht bekommen, dann wird unser Körper schwach, wir werden depressiv und können unser Leben nicht wirklich leben.

Wie pflegen wir uns? Was essen wir denn geistlich?

Aller Anfang beginnt im Kopf – in unseren Gedanken. Womit speisen und pflegen und wässern wir unsere Gedanken?

Weiterführendes Bild:

Lege eine Vielzahl von Zeitungen, CDs, Filmen etc. in die Mitte – lasse das Bild wirken.

Wir ziehen eine Menge Gedankengut aus:

Fernsehen, Zeitungen, Geld, irgendwelche Bücher, Gerüchte, schlechtes Reden, Sorgenmeldungen und aus dem, was Menschen zu uns sagen etc.

Schreibe auf, was Deine Gedanken die Woche über bestimmt hat?

Welche Gefühle sind in Dir gewachsen?

Beispiele:

Geld: „Ich habe Sorgen, nicht genug zu haben - was wird mein Geld morgen wert sein?"

Zeitungen: Katastrophen, Unfälle, Betrug.. schlechte Nachrichten - oh je, was wird aus meinen Kindern? Was soll das noch werden?"

Essen: „Werde ich genug haben? Ist das Essen gesund genug?"

Erkenntnis:

Die meisten Dinge lösen in uns Sorge, Angst, und Zweifel aus! Sie lass uns eingehen-nicht aufblühen! Wir haben das Gefühl noch mehr arbeiten zu müssen, noch mehr leisten zu müssen. Die Dinge der Welt, die Nachrichten rund um die Weltgeschehnisse lassen uns eher verzweifeln.

Das hat Jesus schon erkannt: In der Welt habt ihr Angst! Johannes 16,33, genau deshalb kam der Kerl auf die Erde! Er brachte (s)ein Wort der Hoffnung: eine frohe Botschaft – das Evangelium.

Was schafft Veränderung? Was schafft Leben?

Leben entsteht nicht aus dem Nichts. Aus toter Materie konnte noch nichts Lebendiges geschaffen werden. Jedes Leben braucht eine lebensspendende Quelle.

Eine Pflanze wird nicht einfach so in der Luft wachsen. Es braucht einen Samen, der Leben enthält und die daraus entstehende Pflanze braucht einen nährreichen Grund, um Wurzeln zu schlagen. Sie braucht Wasser und Sonne, um zu wachsen.

Der Mensch funktioniert eigentlich genauso.

Was sagt die Bibel dazu?

1. Mose 1,3, 1. Mose 1,6, 1, Mose 1,9:

UND GOTT SPRACH - und es geschah!

Gott spricht und es entsteht Leben!

Gott spricht und Leben wächst.

Gottes Wort ist die Quelle des Lebens.

Vgl. auch Johannes 1,1.

Gottes Wort kehrt nicht leer zurück, es hat Kraft und bringt Leben!

Weiterführende Bibelstellen:

Jesaja 55,11; Epheser 6,17; Hebräer 4,12; Psalm 17,4: Johannes 10,27; Römer 10,17

Erkenntnis:

Gottes Wort, das Reden Gottes hat eine Kraft und ermöglicht Leben. Der Glaube wächst durch das Hören des Wortes Gottes. Gottes Wort lässt mich mehr über Gott und den Glauben an ihn wissen und verstehen! Beziehungspflege und Vertrauen zu Gott und seinem Wort sind die entscheidende Grundlage.

Nur, wenn ich ihm nachfolge und gehorsam bin, erfahre ich seine Liebe und erkenne, dass er es wirklich gut mit mir meint. Das muss und darf in mir wachsen.

Das heißt letztlich:

NUR DURCH DAS WORT GOTTES KANN MEIN GLAUBE WACHSEN!

NUR DURCH DAS WORT GOTTES ENTSTEHT WAHRES LEBEN!

Gottes Wort konkret:

= Die Bibel und das Reden des Heiligen Geistes, das wiederum niemals dem Wort Gottes widerspricht!

Was bedeutet das für mich? Was kann ich in meinem Leben verändern?

Wie teile ich meine persönliche Zeit ein?

Nehme ich mir Zeit für Gott und sein Wort?

Was „lese" ich? Was nehme ich zu mir?

Wo war Gott in dieser Woche in Deinen Gedanken? Was könnte sich in der Beziehungspflege mit Gott und Dir verändern? Wie kann Gottes Wort in mir mehr Raum bekommen?

Praktische Hilfe zum Einstieg - Geistliche Nahrungs-Übung:

Vitaminreiches Frühstück, was lebendig macht - Gesund durch den Tag.

Psalm 23 - der Herr ist mein Hirte.

Lies diesen Psalm JEDEN Tag - wenn möglich laut.

Lasse die Worte wie ein warmer Regen - wie ein gutes Essen - wie ein erfrischendes Getränk deine geistliche Kehle hinunter gleiten.

Nimm diesen Psalm als ZUSAGE für den Tag, der vor dir liegt!

Damit gehe in Deinen Tag oder beende ihn damit.

Schreibe deine Gedanken auf und beobachte, wie sie sich verändern!

Empfehlung:

Es ist sehr hilfreich, ein geistliches Tagebuch über mehrere Wochen zu führen! Das heißt, Gedanken, Gefühle und Eindrücke aufzuschreiben.

Beachte:

Die Umstellung auf eine gesunde Ernährung braucht Regelmäßigkeit. Wenn ich mich nur einmal im Monat gesund ernähre, bringt das fast nichts!

Ein Tun wird zu einer Gewohnheit, wenn man es mind. 3 Monate regelmäßig getan hat. Gib dem Reden Gottes eine neue Chance in Dir und vertraue darauf, dass etwas in dir wächst, was Dein Leben verändert.

Handout Gottes Wort/Wachstum – Kopiervorlage für die Gruppe:

Schreibe auf, was Deine Gedanken die Woche über bestimmt hat? (Aussagen von Menschen, Schlagzeilen, Berichte etc.)
Welche Gefühle sind in Dir gewachsen?

Wo war Gott in dieser Woche in Deinen Gedanken?

Was könnte sich in der Beziehungspflege mit Gott und Dir verändern?

Wie kann Gottes Wort in mir mehr Raum bekommen?

Einheit 2

Rückblick:

Was ist hängen geblieben? Austausch über die geistliche Übung.

Folgender Text wird gemeinsam gelesen:

Matthäus 14,22-33:

Petrus geht auf dem Wasser. Lies die Geschichte mit deinen Teilnehmern.

Es bietet sich hier an, sich in die Rolle der Menschen im Boot, in die Rolle Jesu und in die Rolle des Petrus hineinzuversetzen. (Anschließend kann ein Austausch darüber erfolgen).

Einstiegsfrage:

Hat Petrus Vertrauen oder Glauben?

Auf was stellt sich Petrus? Worauf geht er letztlich? (Auch hier bietet sich eine interessante Diskussionsrunde an!)

Auf dem Wasser?

Nein, auf dem Wasser kann man nicht gehen.

Petrus stellt sich auf das Wort Gottes: Jesus sagte KOMM, PETRUS!

Auf dieses „KOMM" stellt sich Petrus. Er vertraut Jesus und geht los. Im Vertrauen auf Jesus und im Tun, was er sagt, nämlich im Losgehen, wächst sein Glaube an sein Wort! Denn Petrus spürt im Losgehen, dass das Wort Gottes wahrhaftig ist. Es trägt wirklich.

Das Boot ist ein schönes Bild für ein menschengezimmertes Bauwerk. Es ist im Angesicht des tobenden Sturmes eine Nussschale. Symbol für Vertrauen auf meine eigene Kraft, eigene Ideen, eigene Stärke. Das Boot wird untergehen im Sturm. Gottes Wort bleibt.

Überlege - woran hältst Du Dich fest? Was sind Deine Boote? (z.B. Versicherungen, Geld, Zeitungen, Menschen, Süchte....)
Was möchtest Du gerne verändern? Aus welchem Boot - aus welcher emotionalen Abhängigkeit möchtest Du gerne aussteigen - im Vertrauen auf Gott verändern?

Geistliche Übung:

Lies JEDEN Tag 1-2 Kapitel in der Bibel - starte mit einem biblischen Buch: Vielleicht startet ihr mit Eurer Gruppe gemeinsam.

Erwarte Gottes Reden zu Dir ganz persönlich!

Besonderes geeignet für diese Übung sind folgende Bücher:

Psalm - jeden Tag 1 Psalm; 1. Johannesbrief; Markus; Lukas; Petrusbriefe.

Handout – Kopiervorlage für die Gruppe:

Überlege, woran hältst Du Dich fest? Was sind Deine Boote? (z.B. Versicherungen, Geld, Zeitungen, Menschen, Süchte....)
Was möchtest Du gerne verändern? Aus welchem Boot - aus welcher emotionalen Abhängigkeit möchtest Du gerne aussteigen - im Vertrauen auf Gott verändern?

Hilfe für das tägliche Lesen – Kleine Hilfe für die tägliche Zeit mit Gott.
Der folgende Abschnitt kann in die Bibel gelegt werden (Kopiervorlage für die Gruppe)

✂---

Frische Vitamine für jeden Tag:

1. Bete und bitte Gott um Ermutigung und Erkenntnis.
2. Lies den Bibeltext.
3. Überlege kurz, was steht dort drin?
4. Was denkst Du, sagt der Bibeltext zu Dir? - Vertraue hier auf den Geist Gottes, der zu Dir sprechen wird! Übe Dich im hören ;-)
5. Gebet - Dank!

✂---

Frische Vitamine für jeden Tag:

1. Bete und bitte Gott um Ermutigung und Erkenntnis.
2. Lies den Bibeltext.
3. Überlege kurz, was steht dort drin?
4. Was denkst Du, sagt der Bibeltext zu Dir? - Vertraue hier auf den Geist Gottes, der zu Dir sprechen wird! Übe Dich im hören ;-)
5. Gebet - Dank!

✂---

Frische Vitamine für jeden Tag:

1. Bete und bitte Gott um Ermutigung und Erkenntnis.
2. Lies den Bibeltext.
3. Überlege kurz, was steht dort drin?
4. Was denkst Du, sagt der Bibeltext zu Dir? - Vertraue hier auf den Geist Gottes, der zu Dir sprechen wird! Übe Dich im hören ;-)
5. Gebet - Dank!

✂---

4 Die richtigen Geister hören - die Gabe der Geisterunterscheidung!

Einstiegsbild, welches das ganze Thema begleitet:

In der Mitte der Runde befinden sich viele Gegenstände: Landkarte (mein Lebensweg), Spielfiguren, Spielzeugmenschen, Zeitschriften, Geld, etc.... Dinge aus unserem Leben, die uns prägen und beeinflussen – darunter liegt auch die Bibel.

Allein das Bild macht deutlich, dass wir sehr vielen Stimmen ausgesetzt sind. Wir können uns vielen Dingen gar nicht entziehen. Und es wird deutlich, wie schwer es ist, die richtige Stimme gut und klar zu hören – wir müssen uns darin üben und die Stimmen voneinander unterscheiden!

(Dieses Bild kann für das Thema immer wieder aufgebaut werden. Es hilft dem Zuhörer sich zu orientieren.)

Das Thema gliedert sich in folgende aufeinander aufbauende Untereinheiten:

Einheit 1: Wieso weshalb warum.... Heiliger Geist?.. wer nicht fragt bleibt....
Einheit 2: Der Geist Gottes ist unsichtbar und doch sichtbarer als wir glauben!
Einheit 3: Es kann nur einen geben – die Gabe der Geisterunterscheidung.

Einheit 1
Wieso weshalb warum.... Heiliger Geist?.. wer nicht fragt bleibt....

Den Willen Gottes zu tun, Entscheidungen nach dem Willen Gottes zu treffen – das wünschen wir uns sicherlich alle – die Frage ist, woher weiß ich, ob es Gottes Stimme ist, die ich höre? Ist es vielleicht mein eigenes Wunschdenken? Ist es vielleicht das Wunschdenken eines anderen?

Der richtigen Stimme folgen – das ist die Herausforderung. Der Stimme, die die Wahrheit spricht und wirklich unser Bestes will (Römer 8,28!), weil die Person, der diese Stimme gehört, uns von ganzem Herzen liebt: Die Stimme Gottes!

Einstiegsübung - Standortbestimmung:

Wie sehr vertraust Du Gott?

(wenig) 1-2-3-4-5-6-7-8-10 (sehr)

Einstiegsfrage zum Heiligen Geist:

Was weißt Du über den Heiligen Geist?

Glaubst Du, dass Du den Heiligen Geist hast?

Warum brauchen wir den Heiligen Geist?

Was sagt die Bibel zu diesem Thema?

Matthäus 3,16: Jesus und der Heilige Geist

Lese den Text mit der Gruppe. Austausch.

Erkenntnisse aus diesem Text:

Der Heilige Geist ist ein Zeichen Gottes dafür, dass er sich zu Jesus – seinem Sohn – stellt. Auch Jesus hat den Heiligen Geist gebraucht. Auch Jesus selbst konnte nur aus der Autorität und Kraft Gottes heraus, dem Heiligen Geist wirken! Der Heilige Geist ist ein Teil Gottes selbst.

Wie bekommen wir den heiligen Geist?

Johannes 14,15-27

Erkenntnisse aus diesem Text:

Der Heilige Geist wird uns als Zeichen Gottes VON GOTT für Autorität und Kraft zur Seite gestellt (Beistand – Tröster). Gott hat entschieden bei uns zu bleiben durch seinen Geist. (Vgl. auch: 1. Korinther 12,3).

Wenn wir Gott lieben und daran glauben, dass Jesus für unsere Sünden gestorben ist, dann bekommen wir den Heiligen Geist. Er ist ein Geschenk, eine Gnadengabe und eine Zusage Gottes für jeden einzelnen von uns. Er **wohnt** in uns. Ist in uns gegenwärtig.

Hieraus ergeben sich zwei zentrale Fragen:
Warum brauchen wir den Heiligen Geist?
Warum braucht jeder den Heiligen Geist – nicht nur der Pastor!
Johannes 15,26
Gott hat uns den Heiligen Geist geschenkt – er ist ein Teil von Gott, der uns trösten, ermutigen und den richtigen Weg zeigen soll. Der Heilige Geist ist die Stimme Gottes in uns.
Johannes 15,1-17
Die Frucht, die wir hervorbringen, ist ein Zeichen des Heiligen Geistes in uns. Wir haben somit die Geistes-Gaben, die uns helfen Früchte zu tragen.
Die Geistesgaben sind wie der Lebenssaft des Baumes – ohne Lebenssaft trägt ein Baum keine Früchte oder ungenießbare Früchte – er stirbt letztlich.
So wirkt der Saft Gottes in uns!
Nur durch die Kraft des Geistes sind wir in der Lage gute Früchte zu tragen, aufzublühen, zu wachsen.

Zusammenfassung:
Der Heilige Geist ist ein Teil Gottes in mir. Gott führt mich durch ihn sicher und kraftvoll. Der Heilige Geist steht NIEMALS im Widerspruch zur Bibel!

Empfehlung:
Gebet – Ausstrecken nach dem Heiligen Geist! Gott darum bitten.
Gebet füreinander.

Weiterführende Bibelstellen zu diesem Thema:
Johannes 4, 23+24: Gott ist Geist. Der heilige Geist ist ein Teil Gottes.

Johannes 14, 16+17: Gott schenkt uns den Geist Gottes als Tröster, Ermutiger und Erbauer.

Johannes 16,9-15: Durch den Geist Gottes offenbart sich Gott. Dadurch erkennen wir die Wahrheit – die Wahrheit, dass wir Christus brauchen und nur durch ihn frei werden.

Römer 8,9: der Geist Gottes wohnt in uns. Nur, wenn wir den Geist Gottes in uns haben, gehören wir zu Christus – durch ein Teil Gottes (hl. Geist) werden wir zu einem Teil Gottes.

1. Korinther 3,16: Wir sind ein Tempel Gottes, in dem der Geist Einzug hält.

1. Korinther 12,4: Viele viele Gaben, aber EIN Geist. Der Geist Gottes schafft EINHEIT!

2. Petrus, 1,21: Die Kraft des Geistes treibt uns. Wir selbst können uns nicht ständig motiviere – Gott selbst setzt in uns diese Leidenschaft frei.

2. Korinther 3,17: Wo der Geist Gottes ist, da ist FREIHEIT!

Apostelgeschichte 2,2+3: Der Geist Gottes weht wo er will.

1. Korinther 12,8/ Epheser 1,17: Es gibt nur eine wirklich gute Weisheit, Klarheit, Wahrheit: ....Sprüche 11,14: wo nicht weiser Rat, da geht das Volk unter – Weisheit und Rat kommen von Gott durch den Geist.

Einheit 2

Der Geist Gottes ist unsichtbar und doch sichtbarer als wir glauben!

Einstiegsfrage:

Glaubst Du, dass Menschen dir den Heiligen Geist ansehen? Hat der Heilige Geist eine Auswirkung auf Dein Leben in dieser Welt? Handelst Du nach dem Heiligen Geist?

Was sagt die Bibel zu dem Thema Auswirkungen/Wirken des Heiligen Geistes?

Die Frucht des Heiligen Geistes – wie wird der Heilige Geist sichtbar?

Lukas 6,43-46

An den Früchten (= Ergebnissen/Folgen/Gefühlen unseres Handelns) erkennen wir, durch welchen Geist heraus wir handeln.

Achtung: unser Handeln wird auf jeden Fall eine FRUCHT haben!

Gute Früchte können NUR aus und durch Gott heraus geschehen, denn NUR Gott ist gut. Wichtig ist, dass wir unser Herz im Blick behalten.

> (Kurzer Ausblick auf das persönliche Gottesbild:
> Nur Gott ist gut! Nur Gott ist die LIEBE etc., vgl. 3. Johannesbrief Vers
> 11 Mein Lieber, folge nicht dem Bösen nach, sondern dem Guten. Wer Gutes tut, der ist von Gott; wer Böses tut, der hat Gott nicht gesehen.)

Wie sieht diese Frucht aus?

Galater 5,22 (Lies Galater 5,16 ff)

Ich empfinde: Liebe, Freude, Friede, Geduld, Freundlichkeit, Güte, Treue, Sanftmut – kurz: ich trage eine unglaubliche Freiheit in mir, die mich erfreut.

Weiterführende Bibelstellen:

1. Korinther 12, 1-11, Epheser 4, 11-15, Römer 12, 3-8, 1. Korinther 14

Übersicht: –

Geistliche Übung – prüfe Dein Herz – Deine Gedanken!

Hier kannst Du Dich immer wieder selbst überprüfen – ein Leitfaden für Dein Herz – wie sehen meine Früchte aus?

Gaben, die aus dem Geistes erwachsen = Geschenke Gottes:	**Frucht des Geistes:**
Prophetie – Weissagung	**Liebe**
Dienen	Freude (vgl. auch Johannes 15,11)
Geben	Friede
Barmherzigkeit	Langmut
Gastfreundschaft	Freundlichkeit
Glaube	Güte
Zungenrede	Treue
Auslegung der Zungenrede	Sanftmut
Heilung	Selbstbeherrschung
Wundertaten	
Weisheit – Erkenntnis	
Geisterunterscheidung	
Lehren – Predigen	
(Gemeinde-)Leitung	
Hirtendienst	
Evangelisation	
Etc.	

Die Frucht des Heiligen Geistes ist:

LIEBE! LIEBE! LIEBE! LIEBE! LIEBE! LIEBE! LIEBE! LIEBE!

Diese Frucht wächst nur durch Gottes Kraft. Gott ist für das Wachstum verantwortlich! Wir können diese Frucht nicht künstlich fabrizieren. Ein Bauer, der einen Samen auf das Feld wirft, kann diesen gießen und düngen, er könnte ihn auch anfeuern, aber das Wachstum liegt in Gottes Hand.

Die Liebe ist die Grundessenz, auf der alles aufbaut, (vgl. 1. Korinther 13,4). Paulus formuliert am Ende des Korintherbriefes wie folgt: Nun aber bleiben Glaube, Hoffnung, Liebe, die Liebe aber ist die größte unter ihnen (aber nur aus der Kraft des Heiligen Geistes heraus! Unser Liebes-Kontingent ist schnell erschöpft!).

Zum Nachdenken:

Wo ist meine Liebe klein geworden- wo gehen mir Menschen auf die Nerven? 1-2-3-4-5-6-7-8-9-10 (wie stark gehen mir Menschen auf die Nerven?) Stelle Deinen IST-Zustand fest! Was sagt die Bibel darüber? Forsche – suche wenigstens nach 2 Bibelstellen. Segne die, die dich nerven – jeden Tag im Gebet! Verändert sich etwas? Wo muss ich vergeben? Wo muss ich um Vergebung bitten?
Kann ich LIEBEVOLL ermahnen? 1-2-3-4-5-6-7-8-9-10 (habe ich die Freiheit, in Liebe zu ermahnen?) Was sagt die Bibel zum Thema Liebe/Ermahnung darüber? Wo der Geist Gottes ist, da ist Freiheit – habe ich Freiheit? 1-2-3-4-5-6-7-8-9-10 Was sagt die Bibel zum Thema FREIHEIT? Bitte Gott um Freisetzung im Gebet.

Nach welchen Geistesgaben möchte ich mich ausstrecken? Bittet – so wird euch gegeben.
Sonstige Gedanken:

Empfehlung:

Segnungsteil – Gebet – Ausstrecken nach dem Heiligen Geist!

Einheit 3

Es kann nur einen geben – die Gabe der Geisterunterscheidung.

Die Gabe der Geisterunterscheidung – leider gibt es mehr als einen Geist – aber nur einen, der aus der Liebe heraus wirkt!

Einstiegsfragen:

Wie wächst man im Glauben?
Was sagt die Bibel zu diesem Thema?
Wie wachsen wir – im Glauben?

Gott immer mehr kennen und verstehen lernen durch sein Wort (Römer 10,17).
Durch das Wort Gottes wächst der Glaube in uns – ein himmlisches Prinzip.
Wenn der Glaube in uns wächst, dann fällt es uns leichter, den Heiligen Geist zu erkennen. Gehorsam gegenüber Gott (1. Johannes 1,9).
Im Heiligen Geist selbst können wir eigentlich nicht wachsen – entweder wir haben ihn oder nicht. Es gibt nur einen Geist. Wir können aber lernen zu unterscheiden, was der Geist Gottes ist und was nicht – in dieser Kunst der Geisterunterscheidung müssen wir wachsen. Die aus den Entscheidungen heraus wachsenden Früchte in uns lassen uns dann auch im Glauben spürbar wachsen.

Geisterunterscheidung
Die Unterscheidung der Geister ist die Fähigkeit, Gedanken, Gefühlsregungen und Prophetien im Hinblick auf die Frage, inwieweit sie von Gott stammen oder nicht, zu erkennen.
In den „Exerzitien" („Geistlichen Übungen") des Ignatius von Loyola ist die Unterscheidung der Geister die zentrale Übung:
„Ich setzte voraus, dass es dreierlei Gedanken in mir gibt: solche, die mein eigen sind und allein meiner Freiheit und meinem Willen entspringen, während die beiden anderen von außen kommen: der eine vom guten, der andere vom bösen Geist"

Zitat von Ignatius von Loyola aus seinen Exerzitien.

Ignatius hat herausgefunden, dass es Gedanken und Werke gibt, die ihn glücklicher machen als andere, unabhängig von den persönlichen Umständen. Diese interessante Entdeckung an sich selbst führte ihn zu dieser Aussage. Er folgerte daraus: „Der Mensch wurde geschaffen, um Gott unseren Herrn zu loben, ihm Ehrfurcht zu erweisen und ihm zu dienen und mittel dessen seine Seele zu retten.“[6]

Wir sollen Erfahrung darin gewinnen, in unserem eigenen Leben zu unterscheiden, was wir oder ihn zu mehr Liebe, mehr Hingabe an Gott oder zum größeren Dienst an den Menschen führt und was nicht.

In folgender Geschichte Jesu wird die Geisterunterscheidung praktisch:

Was lesen wir aus dem Text? (Eigene Gedanken sammeln.)

Matthäus 4. 1-11

Jesus wird vom Heiligen Geist in die Wüste geführt und dort vom Teufel verführt.

Der Teufel versucht Jesus zu verführen – zu was?

Gott zu verleugnen und ihn anzubeten!

Der Teufel ist listig (Vergleich mit Schlange, 1. Mose 3,1), er benutzt das Wort Gottes!

In diesem Fall ist grundsätzlich klar:

Teufel ist der Gegner Gottes, also spricht hier nicht der Heilige Geist – alles was er sagt wird nicht im Sinne Gottes sein, auch wenn er so tut!

Prüfende Fragen, die weiterhelfen:

1. Stimmen in mir erkennen (Sätze in meinem Kopf hören und aufschreiben.)
2. Innere Regung/Gefühle – was bewirkt der Gedanke/die Stimme in mir? Trost und Frieden oder Scheintrost und Unfrieden? (Stichwort: Bauchgefühl)
3. Was sagt das Wort Gottes zu dieser Regung/Gedanken?
4. Wem dient dieser Gedanke? (Grundsatz: alles soll zur Ehre Gottes dienen und – Gott ist die Liebe)

---

[6] Ignatius von Loyola: *Geistliche Übungen*, Echter Verlag GmbH 2008, Seite 38.

5. Unterscheidung der Geister – Erkenntnis über das wahre Gesicht des Geistes - Satan weiche von mir.

Am Beispiel Jesu:

1. Teufel ermutigt ihn, seine „Wunderkraft“ als Sohn Gottes anzuwenden, „hey, du kannst das – null Problemo – tue es einfach!“
2. Im ersten Moment wäre der Gedanke toll – Frieden über den Hunger!! Scheintrost! Warum Scheintrost? Jesus hatte 40 Tage gefastet. So ein leckeres knuspriges Brot wäre der Knaller > erst mal Trost! Aber nach 40 Tagen Hungern würde sich der Darm wahrscheinlich „bedanken“. Diese Kost würde Jesus letztlich nicht wirklich gut tun.
3. ABER: Das Wort Gottes sagt: 5. Mose 8,3 –Der Mensch lebt nicht vom Brot allein.
4. Ja, ich könnte das, aber das dient nicht zur Ehre Gottes, sondern ich würde damit nur beweisen, dass ich das kann. Der Satan forderte Jesus heraus, er versucht ihn, versucht ihn zu Fall zu bringen, sich zu beweisen. Der Hintergedanke ist: Stolz. Das dient nicht der Ehre Gottes. Der Ehre Gottes dient es, zu vertrauen: Der Heilige Geist hat Jesus in die Wüste geführt, das heißt, Gott selbst hat ihn dort hin geführt – Gott selbst wird ihn versorgen. Jesus hat dieses Vertrauen.
5. Der Lohn des Vertrauens: Jesus widersteht – die ENGEL GOTTES DIENEN ihm!!!!!

Wo liegt die Gefahr?

Achtung, es ist schwieriger als es scheint, aber nicht unmöglich. Der Teufel versucht uns zu blenden! 2. Korinther 11,14:

Und das ist auch kein Wunder; denn er selbst, der Satan, verstellt sich als Engel des Lichts. Er tut so, als würde er uns Gutes tun (wie Gott), das löst im ersten Moment einen Trost aus, der aber letztlich zum Misstrost wird, weil es nicht Gottes Willen entspricht! Deshalb ermahnt und ermutigt uns Jesus, achtsam zu sein (vgl. Lukas

12,1; vgl. auch Titus 1,9; 2. Thessalonicher 2,15)

Zusammenfassung:

Wichtig ist es, die Geister zu prüfen! Wir müssen und dürfen uns darin üben!

Merke:

Der Geist Gottes ist zwar auch ermahnend und korrigierend, ABER letztendlich führt das immer zur Ermutigung und Erbauung!

Geistliche Übung:

1. Entscheidungen – was sagt die Bibel zu dem Thema? Vielleicht anstehende Entscheidungen eines Teilnehmers gemeinsam anschauen (Bibel, Gebet, was sagt der Heilige Geist?
2. Regelmäßiges Bibellesen – nur, wenn ich Gott kenne, kann ich ihn erkennen!
3. Regelmäßige Übung – gemeinsam in der Gruppe – Gebet füreinander – Prophetien sammeln – prüfen anhand des Wortes Gottes!

Das Bild der Frucht macht deutlich, dass das Wachsen der Frucht Zeit braucht. Deshalb empfiehlt es sich, Gedanken und Vorgänge aufzuschreiben. Rückblickend kann dann geschaut werden, was genau gewachsen ist.

Empfehlung:

Geistliches Tagebuch führen.

Was man sät, wird man in einer anderen Jahreszeit ernten!

Betrachtet man nur Wochen oder vielleicht einen Monat, scheint das Wachstum oft klein. Aber Rückblickend auf mehrere Monate – auf ein Jahr, lassen sich wirkliche Wachstumsschritte erkennen!

Nur Mut!

5 Wachsen durch Dienen!

Einstieg:

Eine Gemeinde - viele Leute - noch mehr Aufgaben!

Überall und immer wieder werden Mitarbeiter gesucht - ein ganz normales Gemeinde-such-und-find-Problem ;-)..... oder hat das Dienen noch einen anderen Grund? Gott könnte ja auch die ein oder andere Arbeit abschaffen.... ;-)

Augustinus von Hippo, ein alter Kirchenvater soll gesagt haben:

Gott dienen ist Freiheit!

Einheit 1

Dienen - heil werdende Medizin:

Das „Gemeinde" Problem hatte Jesus schon:

Matthäus 9,38: Jesus hat oft für Mitarbeiter gebetet! ... auch damals hatten die Leute viel zu tun, mussten hart arbeiten. (Petrus der Fischer musste seine Familie täglich ernähren. Da gab es noch kein Hartz IV oder andere soziale Absicherungen!). Jesus hat sie gerufen und herausgefordert, obwohl sie eigentlich Oberkante-Unterlippe beschäftigt waren!

Erkenntnis:

JA, das Reich Gottes braucht Mitarbeiter!!! Gott baut sein Reich durch DICH UND MICH AUF!

Was hat Jesus getan?

Be-rufen! Markus 3, 13ff: Jesus beruft seine Jünger!

Schaut Euch die Jünger mal an:

Petrus - ein Fischer, ein einfacher Mann, der täglich seine Netze auswarf.

Jakobus und Johannes: Jesus nannte sie Donnersöhne - kleine Choleriker – ein bisschen Jährzornig sozusagen.

Erkenntnis:

Gott (ge)-braucht JEDEN!!

Wichtig: Menschen möchten gebraucht werden! Dadurch fühlen sie sich wertvoll!!

Vgl. 1. Mose 2: Gott hat uns von Anfang an eine Aufgabe gegeben!! ER hat die Arbeit erfunden.

Was haben DIESE ausgewählten Personen getan?

Sie haben „ja" gesagt und sind Jesus NACH-GEFOLGT! Das heißt, sie haben das gemacht, was er gemacht hat - ganz simpel.

Matthäus 8,31: Jesus lehrte sie drei Jahre lang, das Richtige zu tun.

Markus 4,40; Matthäus 17,20-21: Er brachte ihnen bei in Vollmacht zu lehren, zu beten, zu handeln.

Johannes 15: Er lehrte sie zu lieben und zu vergeben.

Kurz: in Demut zu DIENEN.

Warum?

Glauben leben heißt: Gott zu lieben, seinen Willen zu tun: ein treuer JÜNGER/Nachfolger zu sein. Das heißt konkret: Gottes Liebe an andere Menschen weitergeben - z.B. durch Dienen (das muss keine Gemeindetätigkeit sein!) Zu dienen heißt auch, die Liebe Gottes in mir groß werden zu lassen.

Die **Liebe** Gottes in mir groß werden zu lassen, heißt, **Gott selbst** in mir groß werden zu lassen.

Vgl. 1. Johannes 5,3; 1. Johannes 5,16; Lukas 10,27; Matthäus 25,40, Matthäus 23,11

1. Petrus 4,10: einander dienen mit den Gaben, die Gott geschenkt hat!

Und was geschieht, wenn die Liebe Gottes in mir wächst?

(in der Gruppe nachdenken....!)

Wenn die Liebe Gottes in mir wächst, wachsen die Früchte des Guten, des heiligen Geistes in mir:
Folgender Text ist sehr aufschlussreich: Galater 5, 16-26!!

Was sagt der Text? (Erarbeite das gemeinsam mit der Gruppe!)
- lasst uns die Ehre und Anerkennung, die wir brauchen nicht bei Menschen suchen, das erzeugt nur Neid, Hader….
- Gott sieht alles - unser Tun und bei ihm bekommen wir Anerkennung, Freude, Friede…. (die Freude am Herrn ist unsere Stärke, Philipper 4,4)
- wenn die Früchte des Geistes in mir wachsen dann werden andere Dinge in mir verdrängt - …

Erkenntnis:
Durch das liebende DIENEN werde ich Jesus ähnlicher und dadurch Schritt für Schritt heil in IHM!
Das ist sehr anstrengend…… deshalb braucht es auch Hilfe….

Praktische Schritte:
Wie wachse ich denn in Liebe und im Dienst?
1. Sei dankbar, gerade für Kleinigkeiten - jeden Tag neu! Tue das bewusst.
2. Lies im Liebesbrief Gottes an Dich - der Bibel - dem Wort Gottes, um den, der dich liebt besser kennen zu lernen!
3. Mache jemandem eine Freude - einfach so - ohne speziellen Grund (verschenke eine Blume, hilf jemandem in Not, lade jemanden ein, biete jemandem Deine Hilfe an…….)
4. Übernimm einen Dienst z.B. in der Gemeinde, der dir Freude macht.

Empfehlung für den Leiter:
Berufe Menschen in den Dienst!
Überlege, wer in deinem Umfeld hat noch keinen Dienst?

Einheit 2

Sabbatzeit - zur Ruhe kommen - körperlich und seelisch. Wenn das Dienen einfach wäre, hätte Gott sicherlich den Sabbat nicht erfunden ;-)!

Auch Jesus hat Auszeiten gebraucht, das hat er von seinem Vater gelernt!
(Anmerkung am Rande: Viele fanden Jesus echt doof.... z.B. die Pharisäer,...)
Gott selbst hat das Ausruhen sogar erfunden (1. Mose 2,2: Gott ruhte...)

Die alles entscheidende Frage ist - WIE ruhe ich?

Überprüfe Deinen Wochenplan: Ich habe Zeit für Ruhe - für meine Familie - für Freunde: Ich komme zur Ruhe durch: Mir geht es danach so:

Alternative 1:
Meine Pausenzeit ist ein Vakuum - Ich halte kurz die Luft an.... Nichts geschieht, ich halte quasi kurz meine Stressuhr an oder ich lenke mich einfach nur ab. Ich ziehe mich zurück von Terminen, Veranstaltungen etc. und vielleicht ärgere ich

mich, schimpfe - versinke in meinem Ärger, im Undank und der Kritik, die ständig an mich herangetragen wird.
(Menschen sind anstrengend und verletzen - leider!!.... auch wenn sie es gut meinen-Kritik ist anstrengend... ;-)

Was ist die Frucht? Galater 5: Streit - Ärger - Neid..... „alle sind doof"!
Die Aufgaben, die ich habe, werden mit diesem Denken immer anstrengender und schwerer... die Folge ist Druck und letztlich wahrscheinlich ein Burnout!

Erkenntnis:
Ich brenne nicht in erster Linie wegen der Masse meiner Tätigkeiten aus, sondern die Grundhaltung/Motivator und die Kraftquelle meines TUNS ist maßgebend: Gott = DIE LIEBE!

Alternative 2:
Meine Pausenzeit ist ein Anhalten an der Tankstelle!! Einmal voll bitte!! Ich tanke Freude und Kraft!
Lukas 5,16 - wenn Jesus auftanken wollte, zog er sich zurück - auf einen Berg - in die Wüste - in die Einsamkeit, um mit Gott, seinem Vater, alleine zu sein.

Der Glaube an Gottes Allmacht gibt uns Kraft.
Johannes 14,1: Euer Herz erschrecke nicht - glaubt an GOTT
2. Samuel 22,33: Gott schenkt Kraft
1. Petrus 5: all Eure Sorgen WERFT auf ihn!
Vgl. auch: Kolosser 1,29; 1. Thessalonicher 1,5; Jakobus 1,21; Römer 8,28

Ein **himmlisches** Prinzip - GOTT wirkt in den Schwachen. Gott wirkt, wenn wir ihm Raum geben und wirken lassen!

Und - was für uns Menschen auch wichtig ist: Gemeinschaft mit Familie und Freunden, mit Menschen, die uns lieben, wir brauchen Ermutigung!!!!

Es ist nicht gut, dass der Mensch alleine sei, vgl. 1. Mose 2,18: Gemeinschaft ist WICHTIG!!!

Apostelgeschichte 2,42: Gemeinschaft mit Menschen, die dich unterstützen!! Freunde sind wichtig und ein Geschenk!

Vgl. auch Epheser 4,12; Epheser 6,6

Was ist die Frucht?

Neuer Liebessprit!

Galater 5: LIEBE LIEBE- Geduld - Freude - Sanftmut… (dafür braucht es Gott als Kraftquelle!)

Wenn alles so easy wäre, dann bräuchten wir nicht ständig an Gottes Liebeszapfsäule zu hängen!

Warum mache ich meine derzeitigen Dienste? Warum mach ich keinen Dienst? Wovor habe ich vielleicht Angst? Wo wurde ich verletzt?

Ich würde gerne folgendes verändern: (Zeiten mit Gott- Zeiten mit Freunden, in einen Dienst einsteigen……)

Auftanken ganz praktisch:

1. GEBET - Sprechen mit Gott. Komme täglich zu Deinem himmlischen Vater - sag ihm Deine Sorgen, Ängste Probleme, Ärger, leg sie bei ihm ab!!....Schau mal konkret nach: Was rät die Bibel uns? (Wir dürfen unsere Brüder und Schwestern auch mal ermahnen und korrigieren!)

2. Gott Raum in unserem Herzen verschaffen: SÜNDE muss weg: Vergebung - wir werden verletzt - geraten unter Druck - ärgern uns, wenn wir nicht vergeben, werden wir bitter. Jesus fordert uns auf, täglich zu beten: <u>Vater uns.... „AUCH wir vergeben unseren Schuldigern"....Matthäus 6,9</u>

3. Bitte, so wird dir gegeben. Lukas 11,11: Gott um Kraft - Liebe und Veränderung unseres Herzens BITTEN!

4. Lobe Gott - höre Lobpreismusik oder mache selbst Lobpreis!

5. Gib vielleicht auch mal Dienste ab, setze mit Deinem Leiter Schwerpunkte und Prioritäten!!!

Fazit:

Dienen, nicht bis der Arzt kommt, sondern weil der Arzt kam!

Jesus kam, um uns zu dienen - wir sollen ihm nacheifern- ihm ähnlicher werden!

Jesus selbst hat den Heiligen Geist - den Willen Gottes in sich wirken und groß werden lassen.

Wir dürfen - jeder am Reich Gottes mitbauen!!

Wir werden gebraucht und dadurch belohnt!

Dadurch wachsen die Früchte Gottes in uns.

Wenn Gott in uns wächst - werden wir stark -.... und HEIL!!

Du bist wertvoll und wirst gebraucht!

Empfehlung für den Leiter:

Schaffe und erfinde Aufgaben, um Menschen diesen Weg zu ermöglichen! Ermutige jeden darin!

Folgenden Dienst würde ich gerne mal ausprobieren: (Sprich mit Deinem Leiter darüber!)

Darin würde ich gerne wachsen:

7 Was man sät, wird man ernten!

Wachstum ein Prozess – braucht Zeit.

Einstiegsbild:

Schaue Dir einen Wachstumsprozess einer Pflanze an.

Zuerst ist der Keim, die Saat, sie geht langsam auf. Es dauert eine Zeit, bis die Pflanze die Erdkruste durchbricht. Dann wächst sie zusehends. Früchte oder Blüten bringt sie jedoch erst nach einer gewissen Zeit des Wachstums. Sie muss stark genug sein, die Frucht zu tragen.

Wie geschieht Wachstum?

Wie wächst etwas?

Natürliches Wachstum – Das Wachstum können wir nicht produzieren, wir können es nur unterstützen!	**Geistliches Wachstum – was sagt die Bibel dazu?**
Samen Es braucht einen Samen, der das Potential von Leben/Neues enthält.	1Mose 1,12; 1. Mose 1,22 > die ganze Schöpfung ist auf Wachstum und Frucht angelegt und sie ist aus dem Wort Gottes entstanden! Gott sprach und es ist geschehen! Matthäus 13,31.32 und 36-40; Römer 10,17: > Jesus sät den guten Samen (Leben) in die Herzen der Menschen. Glaube, Liebe und Hoffnung sollen wachsen!

	Jesaja 55,11: Das Wort Gottes hat Kraft – bleibt nicht ohne Wirkung! Jede Saat geht auf!
Säen – Aussaat. Dieser Samen muss in die Erde/auf die Erde – braucht Berührung mit nährreichem Boden!	Lukas 8,11-15; 1Petrus 1,2; Johannes 1,1 > das Wort Gottes wird gesät (= Jesus, das Evangelium, die Bibel als Ganzes etc.). Das Wort Gottes/Worte der Wahrheit/ Worte des Lebens werden verkündet! > in die Herzen der Menschen
Der Same braucht Raum zum Wachsen/Platz.	Lukas 8,11-15; Sprüche 4,23; 2Korinther 6,12.16; Matthäus 12,33-37 > Der Mensch entscheidet sich, wie viel Platz er Gott in seinem Herzen gibt. > Der Mensch hält diesen Herzensraum „sauber" oder nicht.
Der Same/Pflanze braucht: Wasser und Nahrung aus dem Boden.	Johannes 6,48-51; Matthäus 28, 19.20 Johannes 15,1-7 > Notwendige Nahrung kommt nur von Gott. Er versorgt uns, wenn wir an ihm dran bleiben! > Das heißt, tun, was er sagt (Wort Gottes)
Wachstum braucht Zeit: Es gibt Zeiten von Saat und Ernte!	Lukas 8,15; Römer 12,12; Matthäus 28, 19.20; Hebräer 12,1; Galater 5 > Geduld ist eine wichtige Gabe!

Wachstum geschieht dann von selbst.	**Markus 4,28; 1. Korinther 3,6** **> die Glaubenspflanze braucht beständige Pflege** **> Wachsen tut sie aber von selbst!**
Die Ernte kommt bestimmt! Es gibt eine Frucht (Blüte, Knolle, Beeren etc.) – diese hat einen „guten“ oder „faulen“ Geschmack.	Matthäus 12,33-37; Galater 5,16-25; 6,7-9; Offenbarung 14,15; Matthäus 13,30.39 Epheser 4 > An den Früchten wird man sie erkennen! > Die Früchte des Geistes sind sichtbar: Liebe... > EIN Leib - Gottes Wort führt immer zur Einheit/zusammen.

Erkenntnis:

Jede Pflanze braucht trotz des Selbstwachstumsmechanismus eine bestimmte Pflege!
Gott stellt eigentlich alles zur Verfügung, was man zum Wachsen braucht!
Der Mensch braucht nur seinen Herzensacker zur Verfügung zu stellen, sich von Gott bepflanzen lassen und geduldig zu sein.

Was können wir als Leiter tun?

1. Wir können säen: das Wort Gottes lehren, ermutigen, ermahnen!
   Übung:
   Übe Dich darin, in JEDEM Gespräch ein ermutigendes Wort Gottes Deinem Gegenüber zuzusprechen!

2. Wir können das Wort Gottes selbst leben - andere lieben – anderen dienen!
   Mache täglich Deine Stille Zeit und richte Dein Leben danach aus!

Gebetszeit:
Wo sind Bereiche in meinem Leben, die ich vor Gott „verstecke" – wo ich merke, hier lebe ich wie ich will?

Aufgabe zum vertiefenden Nachdenken:

Johannesevangelium lesen:

1. Wie hat Jesus geleitet?

2. Was lernst Du von Jesus? (Er ist der BESTE HIRTE!)

8 Glaubenshindernisse – lass sie hinter Dir!

Einstiegsfragen - Fragen zur Eigenreflexion:

(Was am Licht ist, macht keine Angst mehr – kann heil werden!.... sagt Jesus)

1. Wie sehr glaube ich, dass jemand bei meinem Gebet gesund wird?

   (gar nicht) 1-2-3-4-5-6-7-8-9-10 (Ich glaube fest daran!)

2. Wie oft habe ich Zweifel am Reden Gottes/Wort Gottes in meinem Leben?

   (gar nicht) 1-2-3-4-5-6-7-8-9-10 (große Zweifel!)

3. Was ist mein größtes Glaubenshindernis, das gerade vor mir steht!?
   Beschreibe es – oder male ein Bild:
   Das Hindernis ist häufig mit einem Gefühl verbunden – was steht noch hinter dem Gefühl: Personen, Ereignisse, unschöne Erfahrungen etc.?

Wir stehen nicht alleine – Jesus ist uns vorangegangen!

Wie hat Bruder Jesus das gemacht?

Was war das größte Glaubenshindernis für Jesus?

Hindernis/ Glaubensenergieloch	**Gegenmaßnahme**	**Wo stehe ich?/ Was trifft zu?**
Ungläubige Menschen: Matthäus 16 „Sauerteig (= Unglaube) der Pharisäer“ Unglaube des Petrus Unglaube von Menschen überhaupt: Markus 6 (sie glaubten nicht, deshalb wurden sie nicht gesund)	Zeit mit Gott, Lukas 6,12; 2. Thessalonicher 2,15 Gläubige Menschen aufsuchen (lass dich ermutigen oder auch ermahnen =), auf Gottes Handeln schauen – nicht auf die „Wellen“ (wo sind Zeichen, Wunder, klare Führung Gottes in Deinem Leben?) LEHREN! (Das Wort Gottes ist nicht irgendein Klatschblättchen – es hat die Kraft des Geistes in sich wohnen!) Titus 1,9.	
(Todes)-Angst vor Schmerzen/ Leiden: Lukas 22,44	Gebet – Gott um Kraft bitten. „Herr lehre mich beten“ Lukas 11, Lukas 22.	
Verlust- und Versagensangst (Beziehungen gehen kaputt, Einsamkeit, etc.)	Jesus und seine Jünger haben einfach Dinge im Glauben getan, Lukas 10 Jesus hat Menschen gehen lassen, reicher Jüngling, Lukas 18.	

	Er hat Gott um neue Menschen gebeten, Matthäus 9,39. Er hat Menschen gesucht und berufen, Lukas 5. Er wusste um sein Ziel: Bei Gott im Himmel sein! „Ich bin die Auferstehung und das Leben.“ Johannes 11; Johannes 14,28.	

Niemals vergessen:

Bewahre Deine persönliche Himmelreichperspektive!

Der Lohn dieser Nachfolge ist das EWIGE LEBEN!

Wenn wir auf den Dank von Menschen warten oder es in der Erwartung darauf unseren Dienst tun, dann werden wir in der Regel enttäuscht werden. Wenn wir aber unseren Blick stets auf Gott gerichtet halten, dann wird in uns, unabhängig aller Umstände Freude, Friede und Sanftmut wachsen und wir werden unseren Lauf (hoffentlich) gut beendet!

Nur Mut!

Handout für die Gruppe:

Persönliche Glaubenshindernisse ermitteln:

Was hindert mich daran, mehr zu Glauben?   Mögliche Gegenmaßnahme:
Wo stehen mir Menschen im Weg?   Mögliche Gegenmaßnahme:
Wo stehen mir Ereignisse/Erfahrungen im Weg?   Mögliche Gegenmaßnahme:

LITERATURVERZEICHNIS

- Ignatius von Loyola: *Geistliche Übungen*, Echter Verlag GmbH 2008.

- http://www.bibleserver.com, Februar 2012.

- http://www.evangeliums.net/zitate/, 28. Februar 2012.

Printed by Books on Demand GmbH, Norderstedt / Germany